Lust aufs Land

Gisela Caspersen/Cornelia Putzbach

Edition Ellert & Richter

Inhalt

Die Liebe zum Land

Wenn es dem Stadtmenschen zu eng wird in seinen vier Wänden, wenn die Arbeit drückt und der Frühling lockt, zieht es ihn hinaus aufs Land. Mögen der Park vor der Tür und der kleine Balkon sich auch noch so hübsch und grün präsentieren, die Sehnsucht nach der Weite der Landschaft bleibt. So lassen wir uns treiben in die Schönheit der Natur. Dort kommen wir zu uns, atmen durch und berauschen uns an der Farbenpracht des Sommers oder genießen die Ruhe im herbstlichen Wald. Wir können unsere Phantasie schweifen lassen. Was erzählt der Wind? Wie schmeckt die Luft? Was treiben die Tiere, die dort leben im Einklang mit ihrer Umwelt? Die Natur ist ein Angebot an die Sinne. Üppig und verschwenderisch umfängt sie uns. Sie erfreut und berührt, erheitert und kann so unsere Befindlichkeit beeinflussen.

Die Gedanken des gehetzten Menschen kommen zur Ruhe, wenn er sein Wochenende auf dem Lande verbringt, ausgiebige Spaziergänge unternimmt und alles etwas langsamer angehen läßt. Die sechsköpfige Familie vergißt den täglichen Trott und die städtische Hektik bei ihren regelmäßigen Fahrradtouren.

Auf dem Lande wird gelebt, gefeiert und

Beim Anblick eines Sonnenblumenfeldes spürt man die heitere Kraft des Sommers.

Folgende Doppelseite: Eine einzige Pracht ist die frische Ernte aus dem Bauerngarten: Storchschnabel, Pfingstrose und Frauenmantel passen als dekorativer Blumenstrauß gut zu allerlei Leckerem für einen Salat.

genossen. Musikfestivals und Kunstausstellungen finden hier ihren Raum. Schummrige Scheunen und schmucke Schlösser in herrlichen Parkanlagen bieten die Bühne für kulturelle Ereignisse. Mit Picknickkorb und Federballspiel, Musikführer oder Kunstkatalog ausgestattet, genießt das Publikum das heiterländliche Ambiente. So läßt sich's leben. So erfüllen sich kleine Träume. Jeder trägt seine eigene Sehnsucht in sich. Reicht dem einen ein Sonntagsausflug ins Grüne, spart ein anderer jeden Pfennig, um sich irgendwann ein Häuschen auf dem Lande leisten zu können.

Mit diesem Buch allein werden wir Ihre Sehnsucht nicht stillen können. Denn was ist das schönste Foto, der anregendste Text im Vergleich zum Selbsterlebten. Darum nehmen Sie die kommenden Seiten doch als Ideengeber und Inspiration. Aufs Land ist es nicht weit, und die nötige Einstimmung für eine gelungene Landpartie können Sie hier finden.

Stille Wasser und romantische Winkel schenken Ruhe und Besinnlichkeit.
Leise über das Wasser gleiten, nur dem Plätschern der kleinen Wellen lauschen, sich einen verborgenen Platz fürs Picknick suchen – das ist sommerliche Lebenslust.

Mit dem Fahrrad unterwegs

Endlich Wochenende! Beim ausgiebigen Frühstück macht sich langsam Vorfreude breit. Schließlich geht es hinaus aufs Land. Natürlich fahren wir nicht im Auto und durch endlose Staus, sondern auf dem Drahtesel, der schon frisch geputzt und fertig bepackt vor der Tür steht. So sind alle gut gerüstet für eine Landpartie, die wir ganz entspannt mit der Bahn – das Rad dabei – beginnen. Mit zunehmender Entfernung nimmt die Häuserdichte ab, ein Hauch von Ländlichkeit beglückt die Reisenden. Einfach raus aus dem Alltag! Mal wieder Zeit zum Schauen finden. Die Natur erkunden, ihre stillen Winkel und verborgenen Düfte, an Wiesen, Wäldern, Höhen und Seen entlang. Der Blick aus dem Zugfenster zeigt, was wir uns erhoffen: schwerfällige Kühe auf sattem Grün, freundliche, rosig leuchtende Schweine, aufgeregt flatternde Hühner, Pferde auf einer Koppel. Und Weite, große grüne Weite, durchzogen von farbigen Tupfern, die die Jahreszeiten malen. Geh aus, mein Herz, möchte man jetzt am liebsten singen.
Endlich ist es soweit. Schon beim Aussteigen betört die andere Luft. Ist sie weicher, lieblicher, leichter? Oder ist es einfach nur still? Wenn dann Radwanderkarte,

Tiere beobachten und zum Beispiel ein Pony streicheln ist Balsam für die Seele und gibt gleich das Gefühl der Naturverbundenheit.

Folgende Doppelseite: Schon im Mai umspielt den Wanderer der betörende Duft wunderschön gelb blühender Rapsfelder.

Sonnencreme und Wasserflasche parat sind, kann die Landpartie beginnen.
Ein Fahrradausflug aufs Land zählt zu den schönste Naturerlebnissen, die man sich ohne großen Aufwand verschaffen kann. Natürlich plant der Single seine Tour anders als die Familie mit Kindern. Vielleicht legt er viele Kilometer auf dem Fahrrad zurück, genießt den schnellen Wechsel der Natur, das Spiel der fernen Farben, das Rauschen des Fahrtwindes. Auf Familientouren geht's da etwas gemütlicher zu, besonders mit kleinen Kindern. Ihnen kann man bei dieser Gelegenheit die Geschichte des Fahrrads erzählen:
Die Vorgängerin des Fahrrads – die sogenannte „Draisine" oder Laufmaschine – wurde 1817 von dem badischen Forstmeister Karl Friedrich Christian Ludwig Freiherr Drais von Sauerbronn konstruiert. Man könnte ihn fast als Vater des Radrennsports bezeichnen, überzeugte er doch die Gegner seiner hölzernen Erfindung mit beeindruckenden Wettrennen, die dazu führten, daß sogar die Verkehrsordnung umgeschrieben wurde: Draisinenreiten war fortan nur in der Mitte von Hauptstraßen gestattet. Der Prototyp des heutigen Fahrrads wurde um 1885 von

Picknickradler, die sich gern an idyllischen Plätzen niederlassen, vergessen weder Hut noch Hocker, weder Schirm noch Radwanderkarte.

dem Engländer John Kemp Starley konstruiert. Die davor üblichen Hochräder, die ein winzig kleines Stützrad mitführten, wurden nun durch das „Rover“ ersetzt – ein Fahrrad mit zwei gleich großen Rädern und Kettenantrieb, wie wir es alle kennen.
Solche lehrreichen Geschichten, aber vor allem die aufregenden Entdeckungspausen am Wegesrand gehören ebenso zum Ausflugsprogramm wie das tapfere Durchhalten beim Erklimmen einer Steigung per Rad. Daß man im Familienverbund und bei den unterschiedlichen Kräften von Eltern und Kindern öfter eine Pause macht, gehört zu den kleinen Höhepunkten jedes Landausflugs. Sehr nützlich ist es, zuvor einen Pflanzenführer zu Rate zu ziehen, um auf neugierige Kinderfragen nach Namen der Pflanzen sofort eine Antwort parat zu haben. Das eine oder andere Pflänzchen erkennen die Kleinen natürlich sofort. Aber welcher Erwachsene weiß, daß die Blätter und Blüten der *Gänseblümchen* einem zarten grünen Salat eine besondere Note geben können? Ausgesprochen schmackhaft und gesund sind auch die jungen Blätter von *Brennesseln* und *Löwenzahn*, die Feinschmecker gern unter bunte Frühlingssa-

Immer wieder schön und von Kindern ebenso wie von Erwachsenen geliebt: weiße Margeriten in Hülle und Fülle. Viele säen sich selbst aus und geben Wiesen, Gartenecken und Beeten ein sommerliches Flair.

late mischen. Mehr dazu im Rezeptteil ab Seite 80.
Wenn Kinder mit dem Wissen um die reichen Kräfte der Natur rechtzeitig vertraut gemacht werden, wenn sie die Bedeutung der Natur für das Wohlergehen des Menschen kennenlernen, werden sie auch später behutsam mit ihr umgehen und ihre Vielfalt zu schätzen wissen. Und am Wegesrand läßt es sich nun einmal besonders schön verweilen, wenn man erkennt, was dort wächst. Weitab von der befahrenen Straße, die Fahrräder an einen Baum gelehnt, sind wir unter uns und lassen die Seele baumeln. Genießen einfach, wie es die Autorin in ihrem „Lied der Ruhe" beschrieben hat:

Gedankenverloren
in milder Natur
läßt sich treiben und vergeht
die Zeit.
Nichts eilt, nichts will.
Ganz still.

Wochenend-Fahrradtouren haben ihren besonderen Reiz, wenn man eine Übernachtung einplant. Neben dem Muhen einer Kuh aufzuwachen bleibt ein unvergessenes sinnliches Erlebnis. Und wenn's auch überall pikst und kribbelt: Das Schlafen auf dem Heuboden – von einigen Bauernhöfen heutzutage als *die* Übernachtungsmöglichkeit angeboten – nimmt man als ein Naturerlebnis mit nach Hause, von dem man noch lange zehren wird. Zarter besaitete Naturen mit Lust auf ein langes Wochenende auf dem Lande mögen sich da für ein romantisches Hotel oder eine kleine Pension, vielleicht auch für eine Campinghütte entscheiden. Einen idyllisch gelegenen Platz kann man in jedem Campingführer ausfindig machen. Wo auch immer es einen hintreibt: Man genießt einen ruhigen Abend, den schönen Sonnenuntergang, das Zirpen der Grillen – und vor allem die Entscheidung, der Stadt den Rücken gekehrt zu haben für ein langes, erholsames Wochenende auf dem Land.

Gut zu wissen:

Geübte Fahrradfahrer wissen: Mit dem Fitneßprogramm auf dem Hometrainer ist es noch nicht getan, wenn man auf Tour gehen möchte. Sorgfältiges Planen kann einem viele Unannehmlichkeiten ersparen. Daher sollte jeder Radler einige wichtige Punkte beachten:

- *Rissige, brüchige oder abgefahrene Reifen ersetzen. Die Schlauchventile überprüfen und gegebenenfalls austauschen. Sämtliche Schrauben nachziehen. Bremsen und Bremskabel prüfen. Bremsgummi bei Bedarf erneuern. Vorder- und Rücklicht testen. Luftdruck der Reifen prüfen. Werkzeug aktualisieren. Zur standardmäßigen Ausrüstung gehören: ein Schlüssel für zehn unterschiedliche Muttergrößen, ein flacher Maul- und ein Rundschlüssel, Schraubenzieher und Kombizange, Flickzeug, Fahrradöl, Putzmittel, Gummilösung, Reifenheber.*
- *Schlechtes Wetter gibt es nicht, nur die nicht zum Wetter passende Kleidung. Die richtige Kleidung sollte weder zu warm noch zu leicht sein. Vor Regen schützt ein Anorak oder ein dünnes Cape, vor Sonne der Fahrradhelm oder eine leichte Kopfbedeckung, ein langärmliges T-Shirt und eine Sonnencreme mit hohem Lichtschutzfaktor.*
- *Vielfahrer schätzen Radlerhosen mit eingenähtem weichem Leder, das das Wundsitzen vermeidet. Empfehlenswert ist auch schweißaufsaugende Unterwäsche.*
- *Mit glatten Ledersohlen ist das Abrut-*

schen von den Pedalen vorprogrammiert. Ebenso tabu sind offene Sandalen oder Holzschuhe. Lieber sollten Sie auf Sportschuhe mit rauher Sohle und ordentlichem Profil umsteigen.

- *Fahrradhandschuhe zum Schutz vor Schürfwunden nicht vergessen!*
- *Ob man mit Familie, Freunden oder allein unterwegs ist – eine kleine Notapotheke muß mit. Dazu gehören: Pflaster in allen Größen, Verbandsmull für größere Verletzungen, Jod zum Desinfizieren von Wunden, Arnikasalbe für Verrenkungen und Verstauchungen, Magnesium-Mineralsalz-Tabletten gegen Muskelkater.*
- *Radeln macht nicht nur Spaß, sondern wirkt funktionsanregend auf Herz und Kreislauf, Hormonproduktion und Stoffwechsel.*
- *Wer hat, sollte sich auf seinem Hometrainer fit machen, auch wenn nur eine Wochenendtour geplant ist.*

Viel Spaß beim Wandern

Was dem einen Ausflügler sein Drahtesel, sind dem anderen die zwei Beine – nämlich wunderbare Fortbewegungsmittel, die sich am liebsten beim Wandern ergehen. Die Nase im Wind, Augen und Ohren offen, alle Sinne auf Empfang: So genießt, wer wandert, die Welt. Die Sehnsucht nach Natur und Landschaft erfüllt sich der Wanderer aufs angenehmste. Wenn alles duftet, blüht und grünt, ist er in seinem Element. Man muß kein echter Wandervogel sein, um die Vorzüge eines solchen Ausflugs zu erleben. Was man braucht, sind die Liebe zur Natur, nette Mit-Läufer – und ein wenig Planung, bei der wir Ihnen auf Seite 28 helfen möchten.
Bleibt meist, bevor es losgeht, nur noch ein Problem: die Kinder. Sie machen keinen Freudensprung, und ihre Augen leuchten nicht bei der Ankündigung, wandern zu gehen. Wandern, das heißt für sie: durchhalten, auf geraden Wegen gehen, scheinbar niemals ankommen, Durst haben, hinter den Erwachsenen hertrotten. Wenn die Wanderung so beginnt, kann sie leicht zur Nervenprobe werden. Fragt man die Kinder, was für sie zu einem richtigen Wanderausflug gehört, kommt Erstaunliches zutage: Den Ruck-

Im Frühjahr lädt der frisch ergrünte Buchenwald zu stimmungsvollen Wanderungen ein.

sack gemeinsam packen – damit man weiß, was drin ist und sich darauf freuen kann. Kleine Abenteuer erleben, öfter Spielpausen an schönen Plätzen machen. Wer zu diesem Zweck ein paar neue Spielideen gebrauchen kann, schlage nach ab Seite 54. Mit Kindern wandern heißt auch, ihnen Freiräume zu lassen, dort zu bleiben, wo es etwas zu entdecken gibt. Kinder interessieren sich nicht für die „großartige" Landschaft, sondern für das Detail. Der Bachlauf möchte erkundet, das Stöckchen schwimmen gelassen, eine Brücke gebaut werden. Es sind die kleinen Wunder, die die Kinder faszinieren. Auch das Unter-sich-Sein kann eine Wanderung zu einem echten Erlebnis werden lassen. Eltern, die einen Ausflug mit mehreren Kindern planen, suchen sich eine Strecke mit zwei nahezu parallel führenden Wegen aus. Den einen nehmen die Kinder, den anderen die Erwachsenen. Ein Treffpunkt wird ausgemacht – und jede Gruppe wandert für sich. Sofern die Wege nicht weit auseinander liegen, haben die Großen die Kindergruppe ohnehin im Visier. Unter sich zu wandern hat für Kinder eine unschätzbare Bedeutung. Man ist auf den anderen angewiesen und hilft sich gegenseitig. So stärkt man die Solidarität – auch mit Schwächeren. Die Kreativität wird gefördert, wenn man Probleme zu lösen hat – sei es das Überqueren von unebenem Gelände oder das Reparieren eines Rucksacks. Kraft und Ausdauer werden wie von allein und in jedem Fall besser trainiert als durch elterliche Ratschläge und Durchhalteparolen. Und die älteren Jugendlichen läßt man dann allein losziehen, regt sie lediglich an, die Wanderung im Groben zu planen. Doch vor allem ist ein gewisser Freiraum wichtig. Das Ziel wird selbst bestimmt, die Richtung hin und wieder geändert, das Tempo dem eigenen Bedürfnis angepaßt, ganz auf sich gestellt, mit der Natur und der Landschaft verbunden …

Daß solche Ausflüge in die Selbständigkeit heute mit Liedern untermalt werden, mag eher zu den Ausnahmen zählen. Obwohl gerade sie ausdrücken können, wonach so einem Wanderer der Sinn steht. Wer den Text der bekannten Wanderlieder mehr rät als weiß, schlage nach ab Seite 59. Dem Auswendiglernen dürfte dann nichts mehr im Wege stehen.

Wandernd fühlen sich Naturfreunde besonders verbunden mit den Elementen – und den Schätzen, die die Natur zu bieten

hat. So manche Tour endet in einer leidenschaftlichen Sucherei nach wildwachsenden Köstlichkeiten der Region. Das ist kein Wunder bei den Möglichkeiten, die der Vorratsgarten der Natur bereit hält. Im Frühjahr duftet der Waldmeister im Buchenwald, im Sommer sind aromatische Walderdbeeren und Himbeeren zu entdecken. Pilze, Brombeeren und Hagebutten krönen den Herbstspaziergang. Leckereien aus der Naturküche sind ab Seite 80 nachzulesen.
Wandern heißt, mit einem Schatz nach Hause zu kommen. Das kann etwas Eßbares sein, das zu Hause voller Vorfreude zubereitet wird. Das kann ein herrlicher Wildstrauß sein oder Zweige, die sich zu einem Kunstwerk der Natur bündeln lassen.
Wer sich überraschen läßt von dem, was die Natur bereithält, wird immer fündig. Einiges nimmt man mit nach Hause. Vieles fotografiert man mit dem inneren Auge. Das Licht der Jahreszeiten zum Beispiel, die Weite des Himmels. So nimmt man das Gefühl mit zurück, sich die Natur erneut erobert zu haben. Das tut gut und schützt uns ein wenig vor den Anforderungen des Alltags, denen es sich immer wieder zu stellen gilt.

Wer wandert, sieht mehr: zum Beispiel den ländlichen Nutzgarten mit Blumenzier. Denn der typische Bauerngarten mag es gemischt. Vor leckerem Gemüse tummeln sich Calendula, Löwenmaul und Borretsch in voller Farbenpracht. Leuchtend und prall erzählt uns die Hagebutte von der Schönheit des Herbstes.

Gut zu wissen:

- *Zum Wandern werden leichte Schuhe mit Profilsohle benötigt, die gut eingelaufen sein sollten. Sicherheitshalber reichen sie bis über die Knöchel, damit man auch auf etwas unebenen Böden nicht umknickt. Daß sie wasserdicht sein müssen, versteht sich von selbst.*
- *Auch dem richtigen Sockenpaar sollte man ein wenig Aufmerksamkeit schenken. Es sind nicht die dicken, groben, handgestrickten, die sich als ideale Schicht zwischen Füßen und Schuhen erweisen. Fachleute empfehlen Frottee. Oder zwei Schichten: erst die Baumwollsocken, darüber Wolle. Die Strümpfe dürfen allerdings nicht rutschen und keine Falten werfen. Das könnte zu unangenehmen Druckstellen führen, die schon so manchem Wanderlustigen – zumal wenn kein Pflaster zur Hand ist – den Spaß verdorben haben.*
- *Verschiedene Pflaster also nicht vergessen. Außerdem gehören in die kleine Wanderapotheke: Leukoplast und Schere, elastische Binde und Verbandsmull, Jod und Wundsalbe, Arnikasalbe gegen Verstauchungen sowie Sonnen- und eventuell Mückenschutz.*

Einmal querbeet gepflückt: Wildblumensträuße leben von ihrer scheinbar ungeordneten Vielfalt, in der alles prachtvoll harmoniert: Margeriten, Gerstenähren, Gartenerdbeeren, Kornblumen …

- *Wenn man dann auch noch an die richtige Oberbekleidung gedacht hat, die aus nicht zu engen Hosen, einem leichten Pullover, Hemd oder T-Shirt aus Naturmaterial, Regenzeug und Kopfbedeckung besteht, ist in puncto Ausstattung alles in Ordnung.*

Singen, rascheln oder säuseln Getreidefelder eigentlich im Wind? Hier sind es Weizen und Gerste, deren Anblick uns den hektischen Alltag vergessen läßt.

Mal wieder Picknick

Was wären die warmen Frühlingstage, der duftende Sommer, ein bunter Herbst ohne die Aussicht auf ein gemeinsames Picknick. Allein das Wort weckt Sehnsüchte. Picknick – dieser Begriff aus dem 18. Jahrhundert ist dem französischen *pique-nique* entlehnt und bezeichnet: eine gemeinsame Mahlzeit im Grünen. Zu zweit sollte man also schon sein für ein Picknick. Und einen schönen Platz braucht man. Der Boden sollte einigermaßen eben sein, gegebenenfalls müssen Wurzeln und piksende, knorrige Äste entfernt werden. Dann wird die Decke ausgebreitet, der „Tisch" wird gedeckt, und das Mahl im Freien kann beginnen.
Jedes Picknick ist ein Fest für die Sinne. Die Augen freuen sich an der Natur und den appetitlich zubereiteten Speisen. Die Nase nimmt die Düfte der Umgebung auf, die Haut fühlt einen leichten Wind, und wir lassen uns den ersten Bissen auf der Zunge zergehen. Wie unverschämt gut können Würstchen mit Kartoffelsalat schmecken! Die Genußkultur eines Picknicks hat nichts zu tun mit Edlem aus dem Nouvelle-Cuisine-Tempel. Einfach, nicht zu verfeinert, müssen die Speisen sein und dennoch wohlschmeckend. Das ist nicht schwer an frischer Luft, wo doch

An lauen Sommerabenden ist das kulinarische Rendezvous am See ein wahres Erlebnis für die Sinne. Man braucht nicht viel: einige besondere Käsesorten, einen weichen, leichten Landwein – und die Muße, die Seele ein wenig baumeln zu lassen …

alles noch einen Deut besser schmeckt. Picknicken heißt, den Alltag einzutauschen gegen ein paar schöne Stunden in der Natur. Draußen zu essen beflügelt die Sinne, gemeinsames Spielen die Kreativität. Wenn dann noch die Entspannung ihren Platz findet – träumend, lesend, schreibend –, ist der Mensch zufrieden, erholt und glücklich.
Trefflich beschrieben wird dieser Zustand vollkommener Muße in einem Gedankenspruch aus China:
Einen Tag ungestört in Muße zu verleben, heißt einen Tag lang ein Unsterblicher zu sein.

Gut zu wissen:

Das A und O eines gelungenen Picknicks, das ja nicht alle Tage stattfindet, fängt an mit dem, was man für den Fall der Fälle immer im Hause haben sollte: mit der Picknick-Grundausstattung. Dazu gehören:

- *Der Picknickkorb, das „Muß" unter den Picknickutensilien. Eingebettet in Korbgeflecht und hübsche Küchentücher sieht alles leckerer aus – und schmeckt besser. Man muß sich übrigens keinen fertig bestückten Korb anschaffen, sondern sollte ihn lieber mit einer individuellen Standardausrüstung austatten. Man braucht:*
- *Zwei Picknickdecken. Eine für den Untergrund, zum Schutz vor Feuchtigkeit, Sand und Schmutz, eine als Tischdecke.*
- *Teller, Becher, kleine Schalen. Daß man dafür heute wiederverwertbares Material wählt, versteht sich von selbst. Auch hier gilt: Das Auge genießt mit und freut sich über ansprechende Farben und schöne Formen.*
- *Gläser und Besteck. Gläser aus Plastik können den Feinschmecker und seine*

Fruchtiger Genuß vor blühender Kulisse: Französischer Cidre erfrischt an heißen Sommertagen. Wenn man ihn unterwegs genießen möchte, sollte er unbedingt in einer Kühltasche transportiert werden.

Schnell kann es während der mittäglichen Picknickrast zu heiß werden. Da ist es gut, wenn man alles Eßbare unter dekorativen Sonnenschirmen kühlen kann.

Geschmacksnerven empfindlich stören. Statt dessen sollte man sich einmal umsehen und sich ein paar dieser hübschen, preiswerten Wassergläser anschaffen, aus denen auch Rotwein – zumal in freier Natur – köstlich schmeckt. Auch schlichtes Besteck aus Edelstahl wird immer mal wieder zu akzeptablem Preis angeboten.

- *Geschirrtücher und Servietten. Als optischer Muntermacher und für die kleinen Malheurs zwischendurch. Kariert, geblümt, gestreift, getupft ... ganz nach Stimmung, Jahreszeit oder Picknickmotto.*
- *Korkenzieher, Flaschenöffner, Messer groß und klein. Gute Dienste leisten auch Taschenmesser, Holzbrettchen und Thermoskanne.*
- *Frischhaltedosen, Kühltasche.*
- *Auf keinen Fall Mülltüten vergessen, um Abfall und Flaschen ordentlich zu entsorgen. Eine Rolle Toilettenpapier für Notfälle mitnehmen.*

Einfach, rustikal und lecker: Es geht doch nichts über einen gesunden Salat mit frisch gebackenem Brot und Brötchen.

Ein glückliches Picknick hängt von den kulinarischen Gegebenheiten ab. Und die lassen sich kreativ und individuell gestalten – je nachdem, wer mit wem picknickt, welche Geschmacksvorlieben dabei eine Rolle spielen, wieviel ausgegeben werden soll und ob es etwas zu feiern gibt.
Man lasse sich also inspirieren, denke an die Freuden ferner Kindertage, an den Urlaub am Mittelmeer, an gesunde Leckereien der Jahreszeit. Und entscheide sich für die eine oder andere Anregung aus diesem Picknick-Rezeptteil. Jedes Gericht ist für vier Personen gedacht (soweit nicht anders vermerkt) – und leicht zuzubereiten.

Schnelles Picknick mediterran

Mit ein paar kleinen Leckereien aus der Mittelmeerküche zaubern Sie ein schmackhaftes, unkompliziertes Picknick. Die Köstlichkeiten sind schnell eingekauft – beim Türken um die Ecke. Hübsch arrangiert, sehen sie besonders appetitlich und einladend aus.

1 türkisches Fladenbrot, 200 g grüne und blaue Oliven, 250 g in Kräuter und Knoblauch fertig eingelegter, milder

Picknicken und an die Ferien denken: Mittelmeer-Spezialitäten lassen einen Hauch von Urlaubsstimmung aufkommen. Oliven und Pepperoni, eingelegter Schafskäse und aromatische Tomaten, dazu Fladenbrot, Knoblauchbutter und ein Glas Buttermilch bieten typische mediterrane Genüsse.

Schafskäse, 200 g Pepperoni, 1 Pfund vollrote Strauchtomaten, 200 g fertige Kräuterbutter.

Dazu schmeckt ein kühles Glas Buttermilch (Kühltasche!) oder ein leichter Weißwein.

**Picknick klassisch:
Frikadellen und Kartoffelsalat**

Das klassische Picknick verbinden viele selbst im Zeitalter der leichten internationalen Küche mit den Gaumenfreuden der guten alten Zeit.
Kotelett oder *Würstchen* müssen es dann schon sein, und auch *Frikadellen* haben eine Chance. Und so mancher Genießer schwärmt von *hartgekochten Eiern*, die – kalt gegessen mit einer Prise Salz – so herrlich nach Pausemachen auf der Urlaubsreise schmecken. Dazu gibt's nur eins:

Kartoffelsalat

750 g festkochende Kartoffeln, 1/4 l Gemüse- oder Fleischbrühe, 1 kleine Zwiebel.
Soße: 3 El gutes Salatöl (aus dem Natur-

Genuß, der an früher erinnert: Frikadellen und Kartoffelsalat schmecken am besten selbstgemacht.

kostladen), 3–4 El Essig, 1 Schuß Gurkenwasser, Salz und Pfeffer, 1 Tl gehackte Gartenkräuter, Petersilie, 1 Tl Kapern oder 4 Cornichons

Kartoffeln waschen, garen, pellen, abkühlen lassen. In feine Scheiben schneiden. In eine Schüssel geben und mit der heißen Brühe überziehen. Nach ca. 2 Minuten mit einem Schaumlöffel herausnehmen. Die Zwiebel fein würfeln, zu den Kartoffeln geben. Für die Soße das Salatöl, den Essig, das Gurkenwasser, Gartenkräuter, Salz und Pfeffer mischen und vorsichtig unter die Kartoffeln heben. 1 bis 2 Stunden ziehen lassen. Die Cornichons (in feine Scheibchen geschnitten) oder die Kapern dazugeben. Den fertigen Salat mit etwas Petersilie dekorieren.

Frikadellen

1 altbackenes Brötchen, 1/4 l Wasser, 1 kleine Zwiebel, etwas Öl zum Anbraten, 375 g Hackfleisch (halb und halb), ca. 3 El Öl zum Braten, 1 Ei, 1/2 Bund Petersilie, 1/2 Tl Salz, 1 Msp. Pfeffer, 2 Msp. Majoran, je 1 Msp. Thymian oder Oregano.

Das Brötchen vierteln und im lauwarmen Wasser einweichen. Die Zwiebel fein würfeln und in einem Topf mit heißem Öl glasig braten, dann herausnehmen. Petersilie waschen und kleinhacken. Das eingeweichte, gut ausgedrückte Brötchen (Wasser weggießen) mit dem Hackfleisch, dem Ei, der Petersilie, Salz und Pfeffer, dem Majoran, Thymian oder Oregano und den Zwiebelwürfeln in eine Schüssel geben und sorgfältig mit den Händen verkneten. Mit nassen Händen ca. 7 cm große Kugeln formen und sie durch Andrücken abflachen. 3 El Öl in einer Pfanne erhitzen, Frikadellen pro Seite 2 Minuten kräftig anbraten. Bei milder Hitze 8 Minuten lang (bei dickeren Frikadellen etwas länger!) schön braun braten.

Vollwert-Picknick

Lust, Genuß und rein vegetarisch: Diese Kombination treibt immer mehr Profi- und Hobbyköche an, ihr Können ohne Fleisch oder auch Fisch unter Beweis zu stellen. Und wo früher noch die Frage gestellt wurde, wie man es denn schaffe, so ganz ohne Fleisch zu leben, hat heute die vegetarische Feinschmeckerei Einzug gehalten.

Überaus vorzügliche, phantasievolle Gerichte bereichern die Speisekarten von der Nordsee bis zu den Alpen. Prominente schreiben Rezeptbücher über ihre vegetarischen Vorlieben, Ferienhöfe bieten vollwertige Kost an, Kantinen reagieren schon lange auf die Wünsche ihrer Mitarbeiter. Mit etwas Vorbereitung zu Hause und Zutaten aus dem Naturkostladen oder Reformhaus lassen sich auch fürs Picknick hochwertige, schmackhafte Genüsse zaubern.

Porreesalat

500 g Porree, 1 kleine Zwiebel, 1/8 l saure Sahne, 1 El Essig, Pfeffer und Salz, 2 Tl Pinienkerne

Den Porree längs halbieren und gut waschen. In 2 cm breite Streifen schneiden. In 1/2 l Wasser 5 Minuten kochen und nach dem Abtropfen erkalten lassen. Die Zwiebel sehr fein würfeln, mit der sauren Sahne und dem Essig verrühren. Mit Pfeffer und Salz abschmecken. Mit dem Porree vermischen und nochmals abschmecken. Die Pinienkerne über den Salat streuen. Dazu schmeckt Vollkornbaguette.

Dekorativ, gesund und weder aus der klassischen noch aus der modernen Küche wegzudenken ist der vitaminreiche Porree.

Apfel-Möhren-Salat mit Nüssen

300 g Möhren, 300 g säuerliche Äpfel, 1 Becher Sanoghurt, 2 Tl gutes Pflanzenöl, 2 Tl Akazienhonig oder Ursüße (Reformhaus), 30 g gehackte Walnüsse, 2 Tl Zitronensaft

Die Möhren putzen und waschen. Die Äpfel schälen, waschen, vierteln und entkernen. Beide Zutaten in eine Schüssel raspeln. Den Sanoghurt mit dem Öl und dem Honig bzw. der Ursüße verrühren und mit den Äpfeln und den Möhren vermischen. Die Walnüsse und den Zitronensaft unterheben.
Tip: Keine Möhren ohne Fett! Denn erst ein paar Tropfen Öl oder der Klecks Butter bewirken, daß der Körper das Karotin in wertvolles Vitamin A umwandeln kann.

Haferflocken-Brötchen

40 g Hefe, 1 Tasse Wasser, 3 El fein gemahlener Weizen, 150 g Weizenvollkornmehl, 300 g grobe Haferflocken, 1/4 l Buttermilch, Muskat, 1 Tl Salz, 1 Tl Honig, 1 1/2 El Butter

Die Hefe in dem lauwarmen Wasser verrühren. Den fein gemahlenen Weizen hinzufügen. Mit einem sauberen Küchentuch zudecken und 15 Minuten gehen lassen. Das Weizenvollkornmehl, die Haferflocken, die Buttermilch, Muskat, Salz, Honig und die Butter unterkneten. Erneut gehen lassen (20 Minuten). Noch einmal gut durchkneten, die Brötchen formen. Ein Backblech buttern oder mit Backpapier auslegen. Die Brötchen auf dem Blech ein letztes Mal aufgehen lassen (ca. 15 Minuten), dann auf 180 °C (bei Umluft etwas weniger) ca. 20 Minuten backen. Die heißen Brötchen mit warmer Butter bestreichen.

Vollwert-Tips

- *Getreide am besten erst kurz vor Gebrauch mahlen oder schroten. Vitamine und Ballaststoffe bleiben so am ehesten erhalten.*
- *Nur kaltgeschleuderter Honig (nicht über 35 °C) garantiert den vollen Bestand seiner Vitamine, Mineralstoffe und Spurenelemente.*

Olivencreme

125 g Frischkäse (Doppelrahmstufe), 1 El Sanoghurt, 100 g schwarze Oliven, 1 Bund Basilikum, 1 Knoblauchzehe, Pfeffer, Gomasio (Sesam-Meersalz-Gewürz aus dem Naturkostladen)

Den Frischkäse mit dem Sanoghurt glattrühren. Die Oliven entsteinen und sehr klein schneiden. Basilikum und Knoblauchzehe ebenfalls sehr klein hacken, mit den Oliven unter den Frischkäse rühren.

Apfelkuchen – als Picknickdessert oder für zu Hause

Dieser feine Apfelkuchen ist wirklich leicht zu backen und ein einmaliger Genuß! Folgende Zutaten miteinander vermischen, in eine gefettete 28-cm-Springform geben und gleichmäßig verteilen:
125 g flüssige Butter, 125 g Zucker oder Ursüße (aus dem Reformhaus), 2 Eier, 1 Päckchen Vanillinzucker, 200 g Mehl, 1/2 Päckchen Backpulver, 500 g Äpfel geschält und in kleine Stückchen geschnitten. Nach Belieben kann man noch einige *gehackte Mandeln* auf den Teig geben.

Nicht nur sein unnachahmlicher Geschmack adelt den klassischen Apfelkuchen immer wieder aufs neue. Auch der Duft, den er schon während des Backens verbreitet, läßt den Liebhaber dieser Köstlichkeit ins Schwärmen geraten.

30 Minuten bei knapp 200 °C (Umluft 170–180 °C) backen. Ein vollkommener Genuß, an dem man sich während des Picknicks oder nach der Rückkehr (dann mit frisch geschlagener Sahne) mit Vergnügen laben wird!

Picknick junior

So macht's auch danach noch Spaß: Nach dem gemeinsamen Picknick bekommen die Kinder – ein wenig abgerückt von der familiären Picknickdecke – ihren Extraplatz. Dort locken fröhliche Farben – zum Beispiel bunte *Windmühlen* –, ein paar Spielideen wie *Seilspringen* oder *Federball*, frische *Lieblingsfrüchte* oder Leckereien wie der beliebte *Wackelpudding* (gibt's auch ohne Gelatine). Einzige Bedingung für diese Picknick-Extra-Tafel, zu der übrigens nur Kinder „erlaubt“ sind: die Eltern für eine bestimmte Zeit in Ruhe entspannen lassen.

Spielen und Schlemmen, wie Kinder es lieben: Mit Trauben, bunten Windmühlen und Melonen, mit Wackelpudding, Ballspielen und herrlich rotem Saft wird das Picknick ein kunterbunter Spaß.

Lust aufs Land macht Lust aufs Spielen. In freier Natur, unter schattigen Bäumen, an lauschigen Lieblingsplätzen. Denn was gibt es Schöneres, als zurückzukommen an die Orte, die man kennt wie seine Westentasche. Wo Baum und Bach und Brücke schon Freunde sind. Immer an der einen Lichtung Verstecken spielen, jedesmal auf diesen ganz bestimmten Apfelbaum klettern, über diese und keine andere Wiese hüpfen – das lieben Kinder besonders. Kinder möchten übrigens möglichst wenig mitnehmen bei ihrem Ausflug aufs Land. Sie spielen am liebsten mit den Gegebenheiten der Natur. Um so wichtiger ist es, daß die Erwachsenen eine Reihe von Spielideen parat halten.

Blättervielfalt

Innerhalb von fünf Minuten muß jeder einen Strauß unterschiedlicher Blätter zusammensammeln. Gemeinsam werden die Bäume dazu bestimmt.

Golf-im-Wald

Jeder Mitspieler sucht sich einen stabilen Stock. Ein Tannenzapfen wird auf dem Boden plaziert und mit dem Stock bis

Blätter zum Spielen. Von oben links im Uhrzeigersinn: Kastanie, Birke, Eiche, Farn, Buche, Linde.

über eine vorher festgelegte Ziellinie geschlagen. Wer siegt, darf beim nächsten Spiel anfangen.
Tip: Für jüngere Mitspieler eine zweite, etwas näher gelegene Ziellinie stecken.

Baum umarmen

Ein besonders schöner, dicker Baum wird ausgesucht. Jeder bestimmt einen (oder mehrere) Mitspieler, mit dem er den Baum umarmen möchte, um „ganz rumzukommen". Ob es gelingt und die Richtigen ausgewählt wurden, stellt sich heraus, wenn die Personen zur Tat schreiten.

Wir verändern was

Zwei Parteien werden gebildet, jede steckt sich ein Geländestück ab und versucht, sich dessen Beschaffenheit gut einzuprägen. Was wächst dort? Was liegt wo? Anschließend verändert jede Partei im Revier der anderen fünf Dinge. Die Veränderungen in den Heimatrevieren müssen von den jeweiligen Parteien erkannt werden. Dieses Spiel schult die Naturwahrnehmung und kann überall gespielt werden.

Blätterwichtel

Einer aus der Gruppe sucht sich zehn nicht zu kleine Blätter, macht ihnen Augen- und Mundlöcher, steckt sie auf einen Zweig und diesen in die Erde eines vorher bestimmten Geländes. Wer aus der Gruppe die meisten Blätterwichtel entdeckt, darf sich anschließend verstecken, und die anderen müssen ihn suchen.

Bäumchen-wechsel-dich

Ein „Fänger“ wird ausgewählt und schaut weg, während sich die anderen Mitspieler jeweils hinter einem Baum verstecken. Auf den Zuruf des Fängers „Bäumchen, Bäumchen, wechsel dich“ laufen alle zum nächsten Baum. Währenddessen dreht der Fänger sich um. Wer vom ihm angetippt wurde, bevor er den Baum erreichen konnte, ist neuer Fänger. *Achtung:* Hinter jedem Baum darf sich nur *ein* Spieler verstecken.

Grüner Buchstabe

Alle haben 15 Minuten Zeit, Dinge aus der Natur zu suchen, die mit dem Anfangsbuchstaben der Vornamen aller

Mitspieler beginnen. Wer am meisten gefunden hat, ist Sieger.

Tiere raten

Man überlegt gemeinsam, welche Tiere in der Gegend leben. Jeder Mitspieler sucht sich stillschweigend zwei der genannten Tiere aus und ahmt diese nach – singend, flatternd, mit Gesten oder typischen Verhaltensweisen. Wer die meisten vorgestellten Tiere (außer den eigenen) errät, ist Sieger.

Schattenspringen

An einem sonnigen Tag sucht man sich einen von Licht und Schatten durchsetzten Platz. Die Spieler haben die Aufgabe, hüpfend von Schattenfleck zu Schattenfleck zu gelangen. Wer es am längsten schafft – ohne die Sonnenfelder zu berühren –, gewinnt.

Schweigen

Fünf bis zehn Minuten lang wird schweigend gewandert. Hinterher tauschen alle aus, was sie in dieser Zeit an Naturgeräuschen vernommen haben.

Bei so viel gemeinsamer Naturwahrnehmung liegt es nahe, daß auch die guten alten Wanderlieder zu neuem Leben erweckt werden. Die Melodien kann (fast) jeder, beim Text tritt die eine oder andere Gedächtnislücke zutage. Der können wir an dieser Stelle abhelfen.

Das Wandern ist des Müllers Lust

Das Wandern ist des Müllers Lust,
das Wandern ist des Müllers Lust, das
Wandern.
Das muß ein schlechter Müller sein,
dem niemals fiel das Wandern ein,
dem niemals fiel das Wandern ein,
das Wandern.

Vom Wasser haben wir's gelernt,
vom Wasser haben wir's gelernt, vom
Wasser.
Das hat nicht Ruh' bei Tag und Nacht,
ist stets auf Wanderschaft bedacht,
ist stets auf Wanderschaft bedacht,
das Wasser.

Das sehn wir auch den Rädern ab,
das sehn wir auch den Rädern ab, den
Rädern.
Die gar nicht gerne stille stehn

und sich am Tag nicht müde drehn,
und sich am Tag nicht müde drehn,
die Räder.

Die Steine selbst, so schwer sie sind,
die Steine selbst, so schwer sie sind, die
Steine.
Sie tanzen mit den muntern Reih'n
und wollen gar noch schneller sein,
und wollen gar noch schneller sein,
die Steine.

O Wandern, Wandern, meine Lust,
o Wandern, Wandern, meine Lust,
o Wandern!
Herr Meister und Frau Meisterin,
laßt mich in Frieden weiterziehn,
laßt mich in Frieden weiterziehn und
wandern!

Im Frühtau zu Berge

Im Frühtau zu Berge wir gehn, fallera,
es grünen die Wälder und Höhn, fallera.
Wir wandern ohne Sorgen
singend in den Morgen,
noch ehe im Tale die Hähne krähn.

Wandern und Singen gehören für viele immer noch zusammen. Wer kann, begleitet die Lieder auf der Mundharmonika.

Ihr alten und hochweisen Leut, fallera,
ihr denkt wohl, wir sind nicht gescheit,
fallera.
Wer sollte aber singen,
wenn wir schon Grillen fingen
in dieser herrlichen Frühlingszeit!

Werft ab alle Sorgen und Qual, fallera,
und wandert mit uns aus dem Tal, fallera.
Wir sind hinausgegangen,
den Sonnenschein zu fangen.
Kommt mit und versucht es doch selbst
einmal!

Bunt sind schon die Wälder

Bunt sind schon die Wälder,
gelb die Stoppelfelder,
und der Herbst beginnt.
Rote Blätter fallen,
graue Nebel wallen,
kühler weht der Wind.

Wie die volle Traube
aus dem Rebenlaube
purpurfarbig strahlt!
Am Geländer reifen
Pfirsiche, mit Streifen
rot und weiß bemalt.

Flinke Träger springen,
und die Mädchen singen,
alles jubelt froh!
Bunte Bänder schweben
zwischen hohen Reben
auf dem Hut von Stroh.

Geige tönt und Flöte
bei der Abendröte
und im Mondesglanz;
junge Winzerinnen
winken und beginnen
frohen Erntetanz.

Muß i denn

Muß i denn, muß i denn zum Städtele
'naus,
Städtele 'naus,
und du, mein Schatz, bleibst hier?
Wenn i komm, wenn i komm,
wenn i wiedrum komm, wiedrum komm,
kehr i ein, mein Schatz, bei dir.
Kann i gleich nit allweil bei dir sein,
han i doch mein Freud an dir,
wenn i komm, wenn i komm,
wenn i wiedrum komm, wiedrum komm,
kehr i ein, mein Schatz, bei dir.

Wie du weinst, daß i wandere muß,
wie wenn d' Lieb jetzt wär' vorbei,
sind au drauß der Mädele viel,
lieber Schatz, i bleib dir treu!
Denk du net, wenn i en andre seh,
so sei mein Lieb vorbei;
sind au drauss der Mädele viel,
lieber Schatz, i bleib dir treu!

Über's Jahr, wenn me Träubele schneid't,
stell' i hier mi wiedrum ein,
bin i dann dein Schätzele noch,
so soll die Hochzeit sein.
Über's Jahr, da ist mein Zeit vorbei,
da gehör i mein und dein,
bin i dann dein Schätzele noch,
so soll die Hochzeit sein!

Geh aus, mein Herz, und suche Freud

Geh aus, mein Herz, und suche Freud
in dieser lieben Sommerzeit
an deines Gottes Gaben!
Schau an der schönen Gärten Zier,
und siehe, wie sie dir und mir
sich ausgeschmücket haben,
sich ausgeschmücket haben.

Die Bäume stehen voller Laub,
das Erdreich decket seinen Staub
mit einem grünen Kleide.
Narzissus und die Tulipan,
die ziehen sich viel schöner an
als Salomonis Seide.

Die Lerche schwingt sich in die Luft,
das Täubchen fleucht aus seiner Kluft
und macht sich in die Wälder;
die hochbegabte Nachtigall
ergötzt und füllt mit ihrem Schall
Berg, Hügel, Tal und Felder.

Die unvedroß'ne Bienenschar
fleucht hin und her, sucht hie und da
ihr' edle Honigspeise.
Des süßen Weinstocks starker Saft
bringt täglich neue Stärk' und Kraft
in seinem schwachen Reise.

Ich selbsten kann und mag nicht ruhn;
des großen Gottes großen Tun
erweckt mir alle Sinnen;
ich singe mit, wenn alles singt,
und lasse, was dem Höchsten klingt,
aus meinem Herzen rinnen.

Der Mai ist gekommen

Der Mai ist gekommen, die Bäume schlagen aus,
da bleibe, wer Lust hat, mit Sorgen zu Haus!
Wie die Wolken dort wandern am himmlischen Zelt,
so steht auch mir der Sinn in die weite, weite Welt.

Herr Vater, Frau Mutter, daß Gott euch behüt!
Wer weiß, wo in der Ferne mein Glück mir noch blüht;
es gibt so manche Straße, da nimmer ich marschiert,
es gibt so manchen Wein, den ich nimmer noch probiert.

Frisch auf drum, frisch auf drum im hellen Sonnenstrahl,
wohl über die Berge, wohl durch das tiefe Tal!
Die Quellen erklingen, die Bäume rauschen all',
mein Herz ist wie 'ne Lerche und stimmet ein mit Schall.

Und abends im Städtchen, da kehr' ich
durstig ein:
„Herr Wirt, mein Herr Wirt, eine Kanne
blanken Wein!
Ergreife die Fidel, du lust'ger Spielmann
du!
Von meinem Schatz das Liedel, das singe
ich dazu.“

Und find' ich keine Herberg, so liege ich
zur Nacht
wohl unterm blauen Himmel: die Sterne
halten Wacht;
im Winde die Linde, die rauscht mich ein
gemach,
es küsset in der Frühe das Morgenrot
mich wach.

Hier und da einen praktischen Tip, eine nützliche Idee, etwas zum Schmunzeln und Nachmachen, Kopfschütteln und Grübeln geben Ihnen die folgenden Stichpunkte „rund ums Land“. Locker zusammengestellt in dem Bewußtsein, daß hier nicht Vollständigkeit im Vordergrund steht, sondern die Lust am Suchen nach Neuem ebenso wie nach Bekanntem.
Viel Spaß!

A wie Apfel

Wer kennt ihn nicht, den Satz der Sätze aller Gesundheitsapostel: „One apple a day keeps the doctor away.“ (Ein Apfel am Tag erspart dir den Arzt.) Denn eins ist sicher: Äpfel regulieren die Verdauung, wirken nervenstärkend und schlaffördernd, massieren, polieren und kräftigen das Zahnfleisch. Und wirken gegen Fältchen, wenn man einmal pro Woche folgende Maske herstellt:
40 g *Apfelfruchtfleisch* (gerieben) mit einem Becher *Joghurt* gut verrühren.
So viel *Weizenstärke* untermischen, bis eine weichcremige Paste entsteht. Diese auf die Haut geben, nach dem Trocknen vorsichtig mit warmem Wasser abwaschen.

Direkt beim Bauern kauft man die heimischen Apfelsorten am besten und kann sich gleich vor Ort nach Anbaumethoden und Schädlingsbekämpfung erkundigen.

B wie Buchweizen

Nicht mit dem Weizen verwandt! Der Buchweizen stammt ursprünglich aus Asien und gehört zur Familie der Knöterichgewächse. Wächst hierzulande auf den moorigen, sandigen norddeutschen Böden. Sehr reich an Vitamin B_1, Eiweiß, Mineralstoffen und Lecithin.

C wie Calendula

Lateinische Bezeichnung der Ringelblume. Die aus den frischen Blüten zubereitete Salbe (in Apotheken, Reformhäusern, Naturprodukt-Abteilungen) lindert Entzündungen und Hautreizungen auf sanfte Art. Mit etwas Muße und den richtigen Zutaten läßt sich die Ringelblumen-Salbe auch selbst herstellen. Man braucht:
5 g Bienenwachs, 3 g Kakaobutter, 10 g Lanolin (= 1 gehäufter Teelöffel), 35 g Calendulaöl, 40 g destilliertes Wasser, 2 Tropfen Rosenöl.
Zubereitung: Bienenwachs, Kakaobutter und Lanolin in einem kochenden Wasserbad schmelzen, das Calendulaöl, hinzufügen, auf 60 °C erwärmen (Küchenthermometer). Das destillierte Wasser in

einem kleinen Topf ebenfalls auf 60 °C erwärmen. Die Töpfe vom Herd nehmen, das Wasser mit dem Elektromixer in das Fett einrühren, auf kleinster Stufe gut durchrühren. Vor dem Erkalten das Rosenöl gründlich unterrühren. In Cremetöpfchen füllen.

D wie Dörren

Beim Dörren – dem Trocknen von Früchten und Kräutern – muß die Feuchtigkeit schonend entzogen werden. Wenn der Heißluftherd dabei nicht blockiert werden soll, empfiehlt sich ein elektrischer Dörr-Apparat. Übrigens: Schonend Gedörrtes behält seine Vitalstoffe und hält lange!

E wie Erntedank

Ende September nach Michaelis (29. September) oder am 1. Oktobersonntag (in evangelischen Regionen, in katholischen ist das Datum nicht festgelegt) kann ein Ausflug aufs Land ein Fest für die Sinne werden! Erntedankumzüge mit aufwendig geschmückten Erntewagen, fröhliche Landfeste und Gottesdienste zeugen von einem Brauch, der seit Anfang des 18. Jahrhunderts gepflegt wird.

F wie Fenchel

Man sagt, der regelmäßige Genuß von Fenchel (zum Beispiel roh in Salaten, denen er einen Hauch von Anis verleiht) begünstige die Fruchtbarkeit der Frauen, da er regulierend auf eine zu schwache Regel einwirke und die Milchbildung fördere.

G wie Getreide

Getreide, das zu Hause – natürlich an einem luftigen, trockenen Platz – gelagert wird, muß ab und zu zwecks Belüftung mit den Händen umgewälzt werden.

H wie Herbst

Sprachlich abstammend von dem althochdeutschen „herbist“ = Obsternte

I wie Igel

Etwas unordentlich sollte es schon sein in der Gartenecke, wo Familie Igel lebt. Ein üppiger Laubhaufen, eine kuschelige Ecke aus feuchten Blättern und Zweigen vom letzten Herbstschnitt – so mögen die Igel ihr Versteck. Das Quartier bietet ihnen

Kürbisse in allen Größen, Farben und Formen sind ein untrügliches Zeichen: Der Herbst ist da.

Schutz und Heimat, in die sie nach ihrer ausgiebigen Insekten-, Schnecken- und Mäusejagd immer wieder zurückkehren.

J wie Januar

Knarrt im Januar Eis und Schnee,
Gibt's zur Ernt' viel Korn und Klee.
(Alte Bauernregel)

K wie Kleie

Beim Mahlen des Korns bleiben Schalen und Keime, die sogenannte Kleie, zurück. Kleie enthält neben Ballaststoffen viel Eiweiß und die Vitamine B_1 und E. Sie wird zum Brotbacken und als Viehfutter verwendet.

L wie Linde

Im Juni betört der Duft blühender Lindenbäume. Linden können bis zu vierzig Meter hoch werden – und über tausend Jahre alt. Das weiche Holz wird zum Schnitzen verwendet, aus den Blüten bereitet man sich einen beruhigenden, schweißtreibenden Erkältungstee zu: Für eine Tasse im Aufguß braucht man einen Teelöffel getrocknete Lindenblüten. Gibt man noch einen Teelöffel Honig in den heißen Tee, wirkt er zusätzlich schleimlösend.

M wie Milch

Nichts gegen Milch, wenn man sie richtig einzusetzen weiß – nämlich als kleine Mahlzeit. Milch ist also kein Durstlöscher, und hautempfindliche Personen sollten sie am besten ganz meiden. Erstaunlich sind ihre Nährstoffe: Vitamin A und D, viel Eiweiß, reichlich Kalzium (1/4 l Milch enthält soviel Kalzium wie 2 Pfund Apfelsinen).

N wie Natur

Natur wiederholt ewig in weiterer Ausdehnung denselben Gedanken. Darum ist der Tropfen ein Bild des Meeres.
Friedrich Hebbel, Tagebücher

O wie Öl

Leinöl, Weizenkeimöl, Sonnenblumenöl, Nußöl: Mit guten, kaltgepreßten Ölen und ihren mehrfach gesättigten bzw. essentiellen Fettsäuren wird der Stoffwechsel des Körpers optimal versorgt.

P wie Petersilie

Petersilie ist eines der wichtigsten Nahrungsmittel in der gesunden Küche. Keine Pflanze enthält mehr Vitamin C. Man sollte sie also regelmäßig verwenden und Salaten, Suppen und Omelettes beigeben!

Q wie Quark

Frischer Quark in Bioqualität ist nicht nur eine köstliche Zwischenmahlzeit, sondern ein wahrer Schönmacher, der die Haut nährt und beruhigt. Eine Quarkmaske ist schnell zubereitet: *200 g Speisequark* mit etwas *Milch* zu einer Paste verrühren, mit einem Pinsel auf Gesicht und Dekolleté auftragen. Damit der Quark nicht abbröselt, sollte man sich entspannt! hinlegen. Nach 20 Minuten mit lauwarmem Wasser abwaschen, die Haut anschließend mit Gesichtswasser erfrischen und eincremen.

R wie Rätsel

Du siehst es stets bei Sonnenschein;
am Mittag ist es kurz und klein,
und wächst bei Sonnenuntergang,
und ward gar wie ein Baum so lang.

Kuckucksblume und Klee in gemeinsamer Pracht auf einer Wildwiese – ein Bild, das man so schnell nicht vergessen wird.

S wie Sommer

Es ist wichtiger, daß jemand sich über eine Rosenblüte freut, als daß er ihre Wurzel unter das Mikroskop bringt.
Oscar Wilde

T wie Traube

Trauben haben's in sich! Ganze Trauben oder Traubensaft stärken Kinder, Schwangere und Sportler, helfen Rheuma- und Leberkranken, lindern Bluthochdruck und Hautirritationen.

U wie Unkraut

Was wäre unsere Landschaft, was wäre ein Garten ohne die Vielfalt der sogenannten Unkräuter? Sind sie auch hier und da unerwünscht, weil sie sich einfach zu schnell ausbreiten und viele Pflanzen am Wachstum hindern, so sollte man in seinem Garten doch eine Ecke „Wildnis" wachsen lassen, in der solche hübschen Exemplare wie Sauerklee, Ehrenpreis, Schafgarbe, Löwenzahn und viele andere ihren Bereich haben. Eine Wohltat fürs Auge sind sie allemal.

V wie Veilchen

Schlicht nur bist du stets gewesen,
unbedeutend oft und klein,
dennoch nimmt dein liebes Wesen
jeden, jeden für dich ein.
Rainer Maria Rilke

W wie Wolke

Aus der Wolke
quillt der Segen,
strömt der Regen.
Aus der Wolke, ohne Wahl,
zuckt der Strahl.
Friedrich Schiller: Das Lied von der Glocke

Z wie Zwiebel

Keine Küche ohne Zwiebeln! Sie sind so gesund (z. B. als Vorbeugung gegen Arteriosklerose), daß man jedem Fleisch- und Gemüsegericht mindestens zwei zufügen sollte.

Lösung des Rätsels: Schatten

Für viele Ausflügler gehört es einfach dazu, Kartoffeln und Mais, Kürbis, Kirschen und viele andere kulinarische Verlockungen direkt beim Bauern oder am Straßenrand zu kaufen und mit nach Hause zu nehmen. Denn was gibt es Schöneres, als mit einem Korb voller Leckereien von einem Landausflug zurückzukehren. Man freut sich über die erntefrischen Köstlichkeiten der Jahreszeit, über duftende Kräuter, knackige Gemüse, süßeste Früchte. Die Frische inspiriert. So zum Beispiel der köstlich nostalgische Duft frisch gepflückter Erdbeeren oder Himbeeren, die schieren Schnittstellen herrlicher Jumbo-Zucchinis, die prallen Knollen neuer Kartoffeln …
Kommen Sie mit uns durch den Garten der vier Jahreszeiten und lassen Sie sich einige Anregungen geben, die Sie animieren mögen, der nächsten Landpartie ein paar kulinarische Momente hinzuzufügen. Viel Spaß dabei!

Im Frühling …

… schmecken frische Kräuter und zarte Gemüse besonders gut.

Grüner Drink

3 Bund gemischte Gartenkräuter (ohne harte Stengel), 1 Gurke (250 g), 1/8 l Wasser, 100 g Sahne, 1 Becher (500 g) Joghurt, 1 gestr. Tl Salz, 1 Msp. weißer Pfeffer

Die Kräuter waschen, die Gurke – sofern sie gespritzt ist – schälen. Alle Zutaten im Mixer zerkleinern und in hohe Gläser füllen. Lecker als Vorspeise!

Grüne Soße

3 große Eier, 2 El Öl, 1/2 Tl Salz, 2–3 Msp. Pfeffer, etwas Zucker, 1 Tl mittelscharfer Senf, 500 g saure Sahne, frische, gemischte Kräuter, z. B. Schnittlauch, Petersilie, Dill (je 1 Bund), 1 Kästchen Kresse, Borretsch, Sauerampfer, Pimpinelle (je 2 Blättchen) 1 Frühlingszwiebel, 1 El Zitronensaft

Die Eier hartkochen, schälen, halbieren, Eiweiß und Eigelb vorsichtig voneinander trennen. Eigelbe zerdrücken und mit dem Öl, Salz, Pfeffer, Zucker, Senf und der sauren Sahne gut verrühren. Das Eiweiß kleinhacken. Die Kräuter und die Früh-

lingszwiebel sehr fein schneiden, mit dem Eiweiß zu der Soße geben und gut vermengen. Mit Salz, Pfeffer und Zitronensaft abschmecken.
Köstlich zu neuen Kartoffeln und Rindfleisch!

Wiesensalat

Einige Löwenzahnblüten, junge Blätter von Löwenzahn, Giersch und Brennesseln. Sauce: 4 El Salatöl (Naturkostladen!) oder Nußöl, etwas Balsamessig oder Zitronensaft, Salz, Pfeffer. Zum Bestreuen: Pinienkerne

Die gewaschenen, trockenen, von Stielen befreiten Salatzutaten in eine große Schüssel geben, die Zutaten für die Soße gut vermischen und über den Salat gießen. Die Pinienkerne darüberstreuen.

Tip: Nußöl hat einen sehr intensiven Geschmack. Um das zarte Aroma der Salatzutaten nicht zu überdecken, empfiehlt sich eine Mischung aus 2 El Salatöl und 2 El Nußöl.

Wer Anfang Mai Lust auf einen hausgepflückten Wiesensalat hat, scheue sich nicht, junge Löwenzahnblüten und -blätter, Giersch und Brennesselblätter zu verwenden.

Spargel klassisch

2 kg frischer Spargel, 1 1/2 l Wasser, Salz und Zucker (je 1/2 Tl), 1 Bund Petersilie, 2 El Butter

Den Spargel mit dem Spargelmesser vorsichtig von oben nach unten und nicht zu dünn schälen, dabei die Schale und die holzigen Stellen vollständig entfernen, ohne die Köpfe zu verletzen. Das Wasser in einem großen Topf zum Kochen bringen. Salz und Zucker hineingeben. Die Spargelstangen mit Naturbast oder Küchengarn zu vier Bündeln zusammenbinden, in dem Wasser bei milder Hitze zugedeckt in ca. 20 Minuten weichkochen. Petersilie waschen und kleinhacken. Den Spargel vorsichtig aus dem Wasser nehmen, gründlich abtropfen lassen, auf eine vorgewärmte Platte legen. Die Fäden entfernen, die Butter zerlassen und auf den Spargel geben, mit Petersilie bestreuen.
Dazu schmecken neue Kartoffeln und roher oder gekochter Schinken.

Worauf wartet der Feinschmecker? Auf neue Kartoffeln und Spargel, die er sich frisch vom Lande oder vom Wochenmarkt mitbringt. Beim Spargel achtet er darauf, daß die Enden nicht angetrocknet oder verfärbt sind.

Frühlingssuppe mit Kräutern

1 Bund Petersilie, 500 g frische Kräuter (z. B. Dill, Kerbel, Basilikum, Estragon, Zitronenmelisse, Brennesseln, Löwenzahn, Pimpinelle, Sauerampfer), 1 Zwiebel, 1 Knoblauchzehe, 1 El Öl oder Butter, 3/4 l Gemüsebrühe, 200 g saure Sahne, 3 El geschlagene Sahne, Salz, frisch gemahlener Pfeffer

Die Stiele der Kräuter entfernen, die Blättchen abzupfen, mehrmals gründlich waschen, trockentupfen und sehr fein hacken. Zwiebel und Knoblauch ebenfalls fein hacken und in dem Öl oder der Butter glasig braten. Gemüsebrühe und saure Sahne dazugeben und einmal aufkochen lassen. Bei milder Hitze 3–4 Minuten köcheln. Bis auf eine Handvoll alle Kräuter und die Schlagsahne unterheben, vorsichtig verrühren. Mit Salz und Pfeffer abschmecken, die restlichen Kräuter darüberstreuen.

Feiner Rhabarberkuchen

750 g Rhabarber, 1 Tl Zimt, 2 El Zucker, 200 g Butter, 1 El Akazienhonig, 3 Eier, 1 Prise Salz, abgeriebene Schale von 1 Zi-

Glücklich, wer in seinem Garten Rhabarber wachsen hat – oder ihn vom Landausflug mitbringt. Wenn er frisch ist – und nur dann –, braucht er vor dem Weiterverarbeiten nicht geschält zu werden.

trone (unbehandelt), 250 g Weizenmehl, 1 Tl Backpulver. Für die Streusel: 125 g weiche Butter, 100 g Zucker, Mehl

Rhabarber waschen, evtl. schälen, in 3 cm lange Stücke schneiden, mit dem Zimt und dem Zucker vermischen. Butter und Honig schaumig rühren. Die Eier einzeln unterrühren, Salz und Zitronenschale dazugeben, Mehl und Backpulver mischen, darübersieben und zügig unterrühren. In eine gefettete Springform (28 cm Durchmesser) geben. Die Rhabarberstücke auf den Teig geben und glattstreichen. Für die Streusel die Butter und den Zucker vermengen, mit Mehl zu feinen Streuseln verarbeiten und über den Kuchen streuen. Bei 175 °C (Umluft etwas weniger) 40–45 Minuten backen. Mit Schlagsahne servieren!

Maibowle

Zutaten für 18 Gläser (je 1/8 l): 1 Bündel Waldmeister, 1,5 l trockener Weißwein, 1 Flasche Sekt – Wein und Sekt sollten gut gekühlt sein.

Das Bündel Waldmeister etwas anwelken lassen. Einen halben Liter Wein in ein

Bowlengefäß geben, das Waldmeisterbündel an einem Faden in den Wein hängen, so daß die Stengel oben herausgucken. (Sie dürfen nicht mit der Flüssigkeit in Berührung kommen.) 15 bis 30 Minuten ziehen lassen. Das Bündel entfernen, den restlichen Wein auffüllen, den Sekt dazugießen. Übrigens: Wer kein starkes Aroma liebt, kann auch einige Blätter abzupfen und bis zu 10 Minuten in die Flüssigkeit geben.

Im Sommer …

… machen die Gaben der Natur durch ihren Duft und ihre Vielfalt auf sich aufmerksam.

Holundersirup

25 frische Holunderblütendolden, 4 Orangen (unbehandelt), 30 g Zitronensäure, 1,5 kg Zucker, 1,5 l Wasser

Die Blüten in ein großes Gefäß geben. Orangen dünn schälen (die weiße Haut dranlassen), die Schale in feine Streifen schneiden, den Saft auspressen. Schale und Saft mit der Zitronensäure und dem Zucker in das Gefäß mit den Holunderblüten geben. Das Wasser aufkochen und darübergießen. 48 Stunden ziehen lassen, dann durch ein Sieb seihen und in kleine, sterile Flaschen (bis 2 cm unter den Flaschenhals) füllen, sofort verschließen. Kalt getrunken, ist dieser Sirup im Sommer ein erfrischender Durstlöscher. Dazu etwas Sirup in ein Glas füllen, mit Mineralwasser aufgießen (1:4) und einem Blatt Pfefferminze dekorieren. Mit heißem Wasser zubereitet (1:4), empfiehlt sich Holundersirup im Winter als ideales Getränk gegen Erkältungen.

Holunderküchlein

2 Eigelbe, 300 ml Milch, 150 g Mehl, 50 g Speisestärke, 100 ml Weißwein, 4 Holunderblütendolden, Öl zum Fritieren, Puderzucker zum Bestäuben, 2 El Kirschmarmelade

Die Eigelbe mit Milch verquirlen. Mehl und Speisestärke in eine Schüssel sieben. Mit der Milch und dem Wein gut verrühren. Die frisch gepflückten, eben aufgeblühten Dolden nicht waschen, sondern nur auf Insekten untersuchen (werden sie gewaschen, verlieren sie ihren Duft), in den Teig tauchen und in heißem Öl

Holundersirup, mit Wasser zu Saft aufgefüllt, bekommt noch mehr Frische, wenn man etwas Zitronen- oder Limonensaft hinzufügt und ein Pfefferminzblättchen hineingibt.

knusprig fritieren. Puderzucker drüber, Kirschmarmelade dazu – fertig ist die süße Sünde.

Kirschmarmelade

1,25 kg gewaschene, entstielte und entsteinte Kirschen (süße Kirschen und Sauerkirschen gemischt), Saft einer Zitrone, 500 g Gelierzucker „EXTRA“

Die Kirschen leicht zerdrücken, das geht mit einem Kartoffelstampfer gut, oder im Mixer mittelfein zerkleinern. Mit dem Zitronensaft und dem Gelierzucker in einen Kochtopf geben und gut verrühren. Unter Rühren zum Kochen bringen, 3 Minuten unter ständigem Rühren sprudelnd kochen lassen. Sofort in saubere, heiß ausgespülte Marmeladengläser füllen. Mit Schraubdeckeln fest verschließen. Die Gläser umdrehen und 20 Minuten auf dem Kopf stehen lassen.
Tip: Für feines Aroma sorgen Zimt und Vanille. Auf die oben angegebene Menge 1 Zimtstange oder eine aufgeschlitzte Vanilleschote mitkochen. Vor dem Einfüllen entfernen.

Kirschsaft

2 1/2 kg Sauerkirschen, 1 l Wasser, 25 g Zitronensäure, circa 2 kg Zucker

Die Kirschen waschen, entsteinen und mit dem Kartoffelstampfer zerkleinern. Wasser und Zitronensäure aufkochen, abkühlen lassen, über die Früchte gießen. Für mindestens 12 Stunden in den Kühlschrank stellen. Hin und wieder umrühren. Danach die Fruchtmasse in einen Saftbeutel (gibt's in Haushaltswarengeschäften zu kaufen) geben und über einer ausreichend großen Schüssel abtropfen lassen. Den Rest vorsichtig aus dem Beutel drücken. Pro Saftliter 1 kg Zucker hinzugeben. Verrühren, bis der Zucker aufgelöst ist. In saubere, gut verschließbare Flaschen füllen, kühl lagern.

Folgende Doppelseite: Kühl getrunken stillt Kirschsaft den Durst und schmeckt nach Sommer, Sonne und Leichtigkeit.

Kartoffelgratin

Gut 1 kg vorwiegend festkochende Kartoffeln, weißer Pfeffer, frisch gemahlen, Salz, 1 Knoblauchzehe, 1 El Butter, 1 großes Ei, 1/4 l Milch, 1 Becher (150 g) Crème fraîche, etwas Muskatnuß

Die rohen Kartoffeln schälen, waschen und trocknen. So dünn wie möglich in Scheiben schneiden. Die Kartoffelscheiben gut salzen und pfeffern. Eine große Auflaufform erst mit der Knoblauchzehe ausreiben (die Zehe kann ausgepreßt für andere Gerichte verwendet werden), dann buttern. Ei, Milch und Crème fraîche verrühren und mit einer Prise Muskatnuß würzen. Die Kartoffelscheiben in die Form geben und mit der Soße übergießen. Im Backofen bei 200 °C (Umluft 180 °C) 40 bis 45 Minuten backen.
Mit einem Salat ein vollständiges Essen!

Überbackene Kohlrabi

8 junge Kohlrabi, 1/2 l Gemüse- oder Fleischbrühe, 30 g Butter, 30 g Mehl, 1/8 l Schlagsahne, 125 g saure Sahne, 2 Eier, 2 El geriebener Parmesan, Salz, Pfeffer (frisch gemahlen), Muskatnuß, 150 g Würfelschinken

Kohlrabi dünn schälen und achteln. Die Brühe kurz aufkochen, den Kohlrabi 10 bis 15 Minuten darin garen, herausnehmen und abtropfen lassen. Das Kochwasser auffangen. Für die Soße die Butter in einem Topf leicht erhitzen, Mehl zügig

hineinrühren und hellblond anschwitzen. Knapp 1/2 l der Kohlrabibrühe unter ständigem Rühren angießen und kurz aufkochen. Sahne, Eier und Parmesan in die Soße rühren und mit den Gewürzen abschmecken.
Kohlrabi in eine gefettete Auflaufform legen, die Schinkenwürfel daraufgeben und mit der Soße übergießen. Im Backofen bei 200 °C (Umluft 180 °C) 20 Minuten backen.

Möhrchen in Petersiliensahne

750 g junge Möhren, 1 Zwiebel, 2 El Öl, etwas Wasser, 1 Bund Petersilie, 1/2 Tl Estragonblättchen, Salz, weißer Pfeffer, 200 g Schlagsahne

Die Möhren putzen, waschen und in Scheibchen schneiden. Die Zwiebel fein würfeln. Das Öl in einen Topf geben, und die Zwiebel darin glasig braten. Die Möhrchen zufügen und leicht anbraten. Das Wasser zum Kochen bringen. So viel Wasser zu den Möhren geben, daß sie eben bedeckt sind. Bei milder Temperatur weich köcheln lassen – aber etwas Biß sollten sie noch haben. Die Petersilie abbrausen, trockenschütteln, die Blättchen

von den Stielen zupfen. Petersilie und Estragon fein hacken. Zu den gegarten Möhren geben und verrühren. Mit Salz und Pfeffer abschmecken. Zum Schluß unter Rühren die Sahne angießen und erneut abschmecken.
Mit neuen Kartoffeln ein herrliches Sommeressen!

Birnen, Bohnen und Speck

400 g durchwachsener, geräucherter Speck, 1/2 Tl Salz, 3/4 l Wasser, 1 kg grüne Bohnen, 1 Zweig Bohnenkraut, 500 g Kochbirnen, Pfeffer

Den Speck und das Salz in dem Wasser bei schwacher Hitze 20 Minuten kochen lassen. Die Bohnen waschen, putzen und in Stücke brechen. Mit dem Bohnenkraut zum Speck geben und 10 Minuten mitkochen. Die Birnen gut waschen und mit Stiel und Blüte zu den Bohnen geben. Weitere 20 Minuten kochen lassen. Den Speck herausnehmen und in Scheiben schneiden. Bohnen und Birnen mit Pfeffer abschmecken, den Speck vor dem Servieren auf das Gericht legen.
Dazu passen Salzkartoffeln oder deftiges Bauernbrot.

Johannisbeerauflauf

50 g weiche Butter, 125 g Zucker, 1 Päckchen Vanillinzucker, 2 Eier, 1 Prise Salz, 500 g Magerquark, 125 g Grieß, 1 Päckchen Vanille-Puddingpulver, 3 gestr. Tl Backpulver, 3 El Milch, 600 g Johannisbeeren (rot, schwarz oder gemischt), Butter

Die Butter gut verrühren. Zucker, Vanillinzucker, Eier, Salz und Magerquark dazugeben und ebenfalls verrühren. Grieß, Puddingpulver und Backpulver vermischen und nach und nach in die Quarkmasse geben. Eventuell mit etwas Milch geschmeidiger machen. Die Johannisbeeren waschen und mit einer Gabel von den Rispen streifen. Vorsichtig unter den Teig heben. In eine gefettete Auflaufform geben, Butterflöckchen auf den Teig setzen. Im Backofen bei ca. 180 °C (Umluft etwas weniger) 60 Minuten backen.

Schnelle Himbeertorte

500 g frische Himbeeren, 250 g Mascarpone, 125 Magerquark, fertiger Biskuitboden, Zucker zum Bestreuen

Die Himbeeren verlesen. Mascarpone und Quark mit dem Mixer zu einer streichfähigen Masse verrühren und auf dem Tortenboden verteilen. Die Himbeeren dicht an dicht auf die Mascarponeschicht legen, vor dem Servieren mit etwas Zucker bestreuen.

Pflaumenkuchen

1 1/2 kg Pflaumen, 150 g Magerquark, 6 El Öl, 6 El Milch, 80 g Zucker, 1 Päckchen Vanillinzucker, 1 Prise Salz, 300 g Weizenmehl, 1 Päckchen Backpulver, Fett fürs Backblech, Zucker und Zimt zum Bestreuen

Die Pflaumen waschen, trocknen, halbieren und entsteinen. Den Quark mit Öl, Milch, Zucker, Vanillinzucker und Salz gut verrühren. Das Mehl und das Backpulver miteinander mischen und sieben. Die Hälfte in den Quark rühren, den Rest des Mehls in den Quark kneten. Diesen Quark-Öl-Teig auf einem gefetteten Backblech ausrollen. Die Pflaumen mit der Innenseite nach oben dicht und gleichmäßig auf den Teig legen. Im Backofen bei ca. 200 °C (Umluft etwas weniger) 20 bis 25 Minuten backen.

Ob Frühzwetsche oder Hauspflaume: Alljährlich wartet man schon deswegen auf den Spätsommer, weil er uns endlich den heiß ersehnten Pflaumenkuchen beschert. Wer es süß mag, bestreue ihn bitte erst nach dem Backen – solange der Kuchen noch ofenwarm ist – mit einem leckeren Zucker-Zimt-Gemisch.

Erdbeerquark

500 g frische Erdbeeren, 2 El Sonnenblumenkerne, 500 g Sahnequark, etwas Milch zum Glattrühren, 1 El Zitronensaft, 4 Tl Akazienhonig

Die Erdbeeren waschen, trockentupfen, sehr klein schneiden und leicht musen. Die Sonnenblumenkerne in einer heißen Pfanne (kein Fett!) kurz anrösten, dann auf einen Teller zum Abkühlen schütten. Den Sahnequark mit Milch, Zitronensaft und Honig verrühren. Die Erdbeeren unterheben, die Quarkspeise mit den Sonnenblumenkernen bestreuen.

Im Herbst …

… genießt man die schönen Farben und eine reiche Ernte.

Buttermais

4 junge Maiskolben, 2 l Wasser, 100 g Butterscheibchen, Salz

Den Mais von grünen Blättern und Fäden befreien und waschen. Das Wasser in einem großen Topf zum Kochen bringen,

Auf den umwerfend einfachen Gaumenschmaus Mais-Butter-Salz möchte kein Gourmet der herbstlichen Küche verzichten.

die Maiskolben hineinlegen, das Wasser erneut aufkochen lassen und bei milder Hitze ca. 15 Minuten garen. Den Mais auf eine vorgewärmte Platte geben, zu jedem Teller ein Schälchen mit Butter und etwas Salz im Streuer geben.

Schnelle Pilzpfanne

1 kg gemischte Pilze (Pfifferlinge, Maronen, Steinpilze), 2 Zwiebeln, 50 g durchwachsener, geräucherter Speck, 2 El Butterschmalz, 1 Bund glatte Petersilie, Salz, Pfeffer, 4 Eier

Pilze säubern (am besten mit einem trockenen Tuch abreiben) und putzen. Größere Pilze kleinschneiden, Zwiebeln pellen und würfeln. Speck fein würfeln. 1 El Butterschmalz in einer großen Pfanne erhitzen und die Speckwürfel darin anbraten. Die Pilze zufügen und bei starker Hitze so lange braten, bis die Flüssigkeit fast verdampft ist. Dabei ab und zu umrühren. Petersilie abbrausen, trocknen und hacken. Die Pilze mit Salz und Pfeffer würzen und die Petersilie untermischen. In einer zweiten Pfanne im restlichen Butterschmalz Spiegeleier braten und mit den Pilzen zusammen servieren. Dazu schmecken in Butter geschwenkte Pellkartoffeln.

Champignon-Pfannkuchen

Für die Füllung: 250 g Champignons, 1 El Butter, Salz, 1/2 Bund gehackte Petersilie
Für die Pfannkuchen: 3 Eier, 1/2 Tl Salz, 1/4 l Milch, 1/4 l Wasser, 250 g Weizenvollkornmehl, Öl für die Pfanne

Die Champignons putzen und in feine Blättchen schneiden. 10 Minuten in der Butter dünsten, bis die Flüssigkeit verdampft ist. Nach Geschmack salzen und die Petersilie untermengen.
Für den Teig Eier, Salz, Milch und Wasser verquirlen. Zu dem Mehl geben und gut verrühren. 30 Minuten kühl stellen.
Wenig Öl in einer Pfanne erhitzen und goldgelbe Pfannkuchen backen. Champignons darauf geben und zusammenklappen. Sofort servieren.

Kürbissuppe

500 g Kürbis, 2 Zwiebeln, 1 Tl Öl, 1 Tl Butter, 1 El Weizenmehl, 1 l Gemüsebrühe, Salz, Pfeffer, 1 Becher Crème fraîche, Petersilie und Kerbel (je 1/2 Bund)

Die Kerne aus dem Kürbisfleisch entfernen, das Fruchtfleisch würfeln. Die Zwiebeln ebenfalls würfeln und in einer Mischung aus Öl und Butter glasig braten. Die Kürbiswürfel dazugeben und bei mittlerer Hitze anbraten. Das Mehl darüberstäuben und unter schnellem Rühren anschwitzen. Die Gemüsebrühe angießen und unter Rühren aufkochen lassen. Danach bei milder Hitze 15 Minuten köcheln lassen. Mit Salz und Pfeffer abschmecken, zum Schluß die Crème fraîche unterrühren. Die Kräuter fein hacken und vor dem Servieren über die Suppe streuen.

Quittenkompott

500 g Quitten, 1/4 l Wasser, 3 El Zucker, 1/2 Zimtstange, Vanillinzucker

Die Quitten mit einem Tuch trocken abreiben, schälen, vierteln und entkernen. Wasser, Zucker und Zimtstange in einem Topf aufkochen, die Quitten hineingeben und bei milder Hitze garen, bis sie weich, aber nicht zerfallen sind. Den Zimt herausnehmen, das Kompott nach Geschmack mit Vanillinzucker süßen und abkühlen lassen. Schmeckt köstlich mit Vanilleeis oder geschlagener Sahne.

Zucchini citronella

750 g kleine Zucchini, 4 El Butter, 6–8 Stiele Zitronenmelisse, 1/2 Bund Petersilie, Salz, frisch gemahlener Pfeffer, 2 Tl frischer Zitronensaft

Die Zucchini waschen und trockenreiben. Die Stielansätze abschneiden. Die Zucchini in feine Scheiben schneiden. Butter in einer Pfanne erhitzen und die Zucchini darin unter gelegentlichem Wenden 6 bis 8 Minuten anbraten. Darauf achten, daß sie nicht anbrennen! Kräuterblättchen fein schneiden. Zucchini mit Salz und Pfeffer würzen und die Kräuter untermischen, mit dem Zitronensaft beträufeln und sofort servieren.
Schmeckt köstlich als Beilage zu Fisch und Kurzgebratenem.

Mangold in Sahne

1 kg Mangold, 1 kleine Zwiebel, 1 Knoblauchzehe, 50 g Butter, 1 kleines Lorbeer-

blatt, 1 Tl Essig, 1/8 l Milch, 1/8 l Schlagsahne, Salz und Pfeffer

Die Mangoldblätter von den Stielen streifen, waschen und in einen Topf geben, in wenig Salzwasser 5 bis 10 Minuten dünsten. Anschließend aus dem Topf nehmen und kleinschneiden. Die Stengel waschen und in ca. 1 cm breite Stückchen schneiden. Zwiebel und Knoblauchzehe fein hacken. Butter in einer Pfanne mit hohem Rand erhitzen und Zwiebeln und Knoblauch darin leicht andünsten. Die Stengelstückchen zugeben und mitdünsten. Lorbeerblatt, Essig und Milch zufügen und einige Minuten garen. Die Mangoldblätter zufügen, die Sahne gut unterrühren. Mit Salz und frisch gemahlenem Pfeffer abschmecken.
Mit Kartoffeln ein vollständiges Mittagsgericht!

Äpfel im Schlafrock

300 g tiefgekühlter Blätterteig, 4 mittelgroße Äpfel (z. B. Boskop oder Jonagold), etwas Zitronensaft, 50 g Marzipanrohmasse, 1 Msp. Zimt, 1 El Rosinen, 1 Ei, 1 El Milch

Blätterteig auftauen lassen. Äpfel schälen und das Kerngehäuse großzügig ausstechen. Die Äpfel mit Zitronensaft bepinseln. Marzipan mit Zimt und Rosinen verkneten. Die Äpfel damit füllen. Blätterteigscheiben übereinanderlegen und ausrollen. Vier Quadrate ausschneiden. Auf jedes Quadrat einen Apfel setzen. Ei trennen. Den Teig mit Eiweiß bepinseln und über den Äpfeln zusammenschlagen. Teig gut zusammendrücken. Aus den Teigresten vier Kreise oder Blätter ausschneiden und mit Eiweiß oben auf den Teig kleben. Die Äpfel auf ein mit Backpapier ausgelegtes Backblech setzen. Eigelb mit Milch verquirlen und den Teig damit bestreichen. Etwas Wasser aufs Blech sprühen. Im Backofen bei 200 °C (Umluft 180 °C) ca. 30 Minuten backen. Dazu schmeckt Schlagsahne, Vanillesoße oder eine Kugel Eiskrem.

Apfel-Nuß-Dessert

4 Äpfel, 1 El Zitronensaft, 1/4 l Schlagsahne, 1 El Akazienhonig, 1 Päckchen Vanillinzucker, 2 El Nüsse (gehackte Walnüsse, Haselnüsse, Mandeln oder Pinienkerne), etwas Butter

Die Äpfel reiben (möglichst mit Schale), mit Zitronensaft beträufeln. Die Sahne steif schlagen und mit dem Honig und dem Vanillinzucker unter die geriebenen Äpfel heben. Die Nüsse in der Butter kurz rösten, über das Apfeldessert streuen.

Kräutertee

Wer in der Herbstzeit gerne einen warmen, wohltuenden, aromatischen Kräutertee trinkt, kauft sich die fertigen Zutaten in der Apotheke oder im Reformhaus und mischt sie sich zu gleichen Teilen in größeren Mengen zusammen oder sammelt übers Jahr die Blätter und trocknet sie. Es eignen sich zum Beispiel:

Erdbeer-, Himbeer-, Brombeer-, Haselnußblätter, Ringelblumen, Kornblumen, Lindenblüten, Fenchel, Thymian, Waldmeister, Pfefferminze.

Pro Becher einen gutgehäuften Teelöffel der Kräuter mit kochendem Wasser aufbrühen, zugedeckt 5 Minuten ziehen lassen, ab und zu umrühren. Den Tee abseihen und nach Belieben mit Honig süßen oder mit Zitrone verfeinern.

Lindenblüten duften angenehm, blühen im frühen Sommer zartgelb und gehören zu den wichtigsten Drogen für die Selbstmedikation, denn der daraus bereitete Tee ist schweißtreibend bei Erkältungskrankheiten, siehe auch Seite 74.

Im Winter ...

... schmecken gut gewürzte, nach ländlichen Rezepten zubereitete Speisen besonders gut.

Weißkohl-Lamm-Topf (Irish Stew)

500 g Lammschulter, 150 g durchwachsener, geräucherter Speck, 1 Zwiebel, 1 Knoblauchzehe, 2 El Öl, 1/2 l Fleischbrühe, Salz, 750 g Weißkohl, 1 Tl Kümmel, 500 g kleine Kartoffeln, Pfeffer

Das Fleisch gründlich abspülen, von Sehnen, Fett und Häutchen befreien und in Würfel schneiden. Den Speck und die Zwiebel fein würfeln, die Knoblauchzehe hacken. Den Speck in einem großen Topf mit dem Öl anbraten, Zwiebeln und Knoblauch dazugeben, das Fleisch hinzufügen und ebenfalls gut anbraten. Umwenden nicht vergessen! Mit der heißen Fleischbrühe übergießen und etwas salzen. Zugedeckt bei Mittelhitze ca. 1 1/2 Stunden kochen. Den Weißkohl vom Strunk und von schlechten Blättern befreien, kleinschneiden, waschen und zusammen mit dem Kümmel nach 30 Minuten in den Topf geben. Die Kartoffeln schälen, waschen und die letzten 30 Minuten mitkochen. Mit Salz und Pfeffer abschmecken.

Grünkohl-Eintopf

1,5 kg Grünkohl, 2 El Öl, 300 g Kasseler Kotelett, 200 g geräucherte Schweinebacke, 4 Kochwürste, 2 Zwiebeln, Salz und Pfeffer

Den Grünkohl von den Strünken abzupfen, gründlich waschen. Tropfnaß in einem geschlossenen Topf garen, bis er zusammenfällt. Den Kohl aus dem Topf heben, abtropfen und etwas abkühlen lassen, dann kleinhacken. Das Kochwasser in einem Extragefäß aufbewahren. Den Topf abtrocknen. Das Fleisch und die Kochwürste waschen und trockentupfen. Die Zwiebeln würfeln. Das Öl in dem Topf erhitzen, die Zwiebeln darin glasig braten. Grünkohl, Fleisch und Würste in den Topf geben, zugedeckt bei kleiner Hitze ca. 40 Minuten garen. Bei Bedarf etwas Grünkohlwasser zufügen. Mit Salz und Pfeffer abschmecken.

Feines Steckrüben-Püree

750 g Steckrüben, 1/4 l Gemüsebrühe, 4 El Butter, Majoran, Salz, Pfeffer, Muskatnuß

Die Steckrüben schälen, waschen und würfeln. Die Fleischbrühe mit den Steckrübenwürfeln zum Kochen bringen und ca. 30 Minuten weich kochen. Die Steckrüben in der Brühe pürieren. Die weiche Butter unter das Püree heben, mit den Gewürzen abschmecken.
Schmeckt zu jeder Art von Schweinefleisch oder – vegetarisch – zu Getreidebratlingen.

Bratäpfel

4 große Boskop-Äpfel, 1/8 l Wasser, 1/4 l Schlagsahne, 1 Päckchen Vanillinzucker, Zucker zum Bestreuen, 4 Tl gehackte Mandeln

Die Äpfel gründlich waschen und trocknen. Das Kerngehäuse mit einem Apfelausstecher entfernen. Die Äpfel in eine Auflaufform oder in die Fettpfanne setzen und mit dem Wasser übergießen. Im Backofen bei 200 °C (Umluft 180 °C)

ca. 30 Minuten braten. Ab und zu nachsehen, ob noch ausreichend Flüssigkeit vorhanden ist, eventuell noch etwas Wasser nachgießen. In der Zwischenzeit die Sahne mit dem Vanillinzucker steif schlagen und kühl stellen.
Die fertigen Äpfel auf vier Teller geben, mit Zucker und Mandeln bestreuen. Sofort zusammen mit der gekühlten Schlagsahne servieren.

Kamillentee

Im Mai/Juni kann die Echte Kamille gesammelt und zum Trocknen aufgehängt werden – kopfüber. So hat man auch im Winter immer genügend Vorrat für einen Tee.

Für einen krampflösenden, verdauungsfördernden Tee werden pro Becher 2 Tl getrocknete Kamillenblüten mit 1/4 l kochendem Wasser übergossen. Man läßt den Tee 10 Minuten ziehen. Dann abgießen.
Extratip: 1 halbe Handvoll getrocknete Kamillenblüten, mit 1 l kochendem Wasser übergossen, ergibt ein wohltuendes Kopfdampfbad, das die Atemwege befreit.

Hagebuttentee

Von September bis Oktober werden die Vitamin-C-haltigen Früchte gesammelt.

Pro Becher werden 2 Tl gewaschene, ganze Hagebutten in 1/4 l Wasser 10 Minuten gekocht. Dann abgießen. Ideal bei Erkältungskrankheiten. Schmeckt honiggesüßt sehr lecker!

Winterpunsch

1/2 l Hagebuttentee (siehe Rezept), abgeriebene Schale von 1/2 Orange (unbehandelt), 2 Gewürznelken, 1/2 Zimtstange, 3/4 l roter Traubensaft, Saft von 2 Orangen und 1 Zitrone, Zucker zum Süßen

In den heißen Tee die Orangenschale reiben, Nelken und Zimt dazugeben. Traubensaft zufügen, alles zusammen heiß werden, aber nicht kochen lassen. Orangen- und Zitronensaft zufügen und mit Zucker süßen. Rühren, bis der Zucker sich aufgelöst hat. Den Punsch in ein Gefäß sieben und servieren.
Tip: Wer's alkoholisch mag, ersetzt den Traubensaft durch Rotwein und gibt noch etwas Rum hinein.

Im Sommer gepflückt, im Winter gebraucht: Wenn man die frische Echte Kamille zum Trocknen auf einem Sieb ausbreitet (nur die Blüten) oder kopfüber aufhängt, hat man in der kalten Jahreszeit einen schönen Blütenvorrat für Tee und Kamillendampfbäder.

Dekoratives mit nach Hause bringen

Schön war sie, erholsam und aufregend, die Landpartie. Was nimmt man mit zurück? Gute Gefühle allemal. Man hat ja viel erlebt. Ruhe und Gelassenheit, die Farben und Blütendüfte der Natur. Man hat Tiere gestreichelt, Erde gefühlt, Pflanzen entdeckt. Und sich die eine oder andere Dekorationsidee mit nach Hause gebracht. Auch dabei gibt die Jahreszeit den Ton an – und jede hat ihren ganz besonderen Reiz. Aus den Bauerngärten und von dörflichen Wochenendmärkten kann man sich eine Vielzahl von Anregungen für zu Hause mitnehmen. Im Frühjahr zum Beispiel sind Taubnessel und Wegerich, Sauerampfer und Schierlingskraut ein schmucker Blickfang für ein freies Plätzchen in den eigenen vier Wänden, und Hirtentäschel gibt einen großzügigen Strauß, der am besten direkt auf dem Boden steht. Sommersträuße, die man sich – natürlich unter Beachtung des Naturschutzes – am Wegesrand zusammenpflückt, sehen immer harmonisch aus. Sind sie verblüht, versuche man ruhig, sich die gleiche Blumenpracht noch einmal zu beschaffen – auf dem nächsten Wochenmarkt oder in einem gut sortierten Blumengeschäft. Als Mitbringsel von einem sommerlichen Ausflug soll auch die

Wegerich und Taubnessel, dekorativ in einer hellen Ecke vereint, sind hübsche Mitbringsel von einem Frühlingsausflug. Hilfreich bei Frauenbeschwerden ist der Taubnesselblütentee. 1–2 Tl getrocknete Blüten mit 1/4 Liter Wasser aufkochen, 5 Minuten ziehen lassen.
Ein Hirtentäschelstrauß ist ein üppiges Mitbringsel, das leider nicht lange in der Vase hält. Das getrocknete Kraut ergibt – im Aufguß zubereitet – einen Tee mit blutstillender Wirkung.

Königin der Blumen, die Rose, nicht fehlen. Freilandrosen werden zur Blütezeit vielerorts direkt vom Feld weg verkauft – preiswert und garantiert frisch. Sie duften herrlich, halten lange und bezaubern durch ihre Farbvielfalt. Prächtig anzusehen sind auch immer wieder die riesigen Sonnenblumen, die man ebenfalls frisch vom Feld bekommen kann. Auf stimmungsvolle Ideen für zu Hause bringt den Ausflügler auch eine Wanderung durch die herbstliche Landschaft: Einen herrlichen Kürbis – direkt vom Bauern gekauft – hat man dann im Gepäck, faszinierend in Farbe und Zeichnung und für viele Ideen zu gebrauchen. So ein Prachtstück findet zu Hause seinen Platz in der Jahreszeiten-Ecke, die rundum herbstlich dekoriert wird. Dort macht der entkernte und entfleischte Kürbis eine Karriere bis zum schmucken Gefäß für Gräser und Sträucher. Oder – ausgehöhlt und mit Augen, Nase und Mund versehen – als geistervertreibender Halloween-Schreck. Herbstliche Stilleben zaubert man mit allerlei Blättern, Beeren und Früchten. Hier sind der Phantasie keine Grenzen gesetzt, die herbstlichen Töne passen immer zueinander. So arrangiert man, was gefällt. Da gesellen sich Eichenlaub

Stimmungsvolle Kürbisvariationen: Die obere Dekoration wird besonders gern zu Halloween geschnitzt. Diese Sitte der Amerikaner, am Abend vor Allerheiligen einen beleuchteten ausgehöhlten Kürbis zur Geistervertreibung aufzustellen, breitet sich mittlerweile auch in Deutschland aus.
Man kann Kürbisse auch kreativ verzieren wie hier mit eingeritzter Phantasieblume. So bereichert er jede herbstliche Dekoration.

Die Früchte des Zierobstgehölzes kommen in einer Kürbisvase besonders gut zur Geltung.

Daß die Natur die schönsten Dekorationsmaterialien für zu Hause liefert, beweist dieses zauberhafte Arrangement aus Zwiebelzopf, Hafer- und Gerstenbündel sowie zum Trocknen aufgehängten Lampionblumen.

Vorhergehende Doppelseite: Frisch vom Freiland kommt der Ausflügler mit den schönsten Rosen nach Hause. Ihr natürlicher Charme und der betörende Duft lassen keinen Rosenliebhaber unberührt.

und Hagebutte zu Eberesche und wilder Quitte. Oder dekoratives Laub geht eine glänzende Verbindung ein mit aus Kupferfolie geschnittenen Blättern, apart arrangiert auf einem Teller aus Zinn. Ländlich herbstlich wirken auch ein verschlungener Zwiebelzopf und die farbenfrohe, lustige Lampionblume am Küchenfenster. Wer sich den Blick für die Stimmung der Jahreszeiten bewahrt hat, kann schon mit einfachen Funden aus der Natur die Saison ins Haus holen. Unschlagbar auf der Beliebtheitsskala der jahreszeitlichen Dekorationen sind Kränze. An den oft langweilig-eintönigen Haustüren präsentieren sie sich wie ein kleines, zudem selbstgemachtes Juwel. Schön, wenn man sich noch einen Stroh- oder Heukranz vom letzten Jahr aufbewahrt hat. Denn dieser Kern ist immer wieder neu zu bestücken – zum Beispiel mit Hopfenranken, die man wildwachsend auf dem Lande findet. Selbstgesuchte Kiefernzapfen, vom letzten Waldspaziergang mitgebracht, werden am unteren Ende mit Blumendraht umwickelt und im Kranzkern befestigt. Wenn man ihn mit schönen Kerzen bestückt, hat man im Nu ein stimmungsvolles, vorweihnachtliches Unikat hergestellt. Gratis, üppig und zu

Mit Kupferfolie aus dem Bastelgeschäft und einer Handvoll Herbstblättern können zauberhafte Stilleben hergestellt werden. Dazu wird Kupferfolie in Blattform ausgeschnitten, und die Blattadern werden mit einem nicht zu spitzen Gegenstand vorsichtig eingeritzt.

Im Winter wirkt auch Kargheit sehr dekorativ. Ein Apfelbaumzweig, an dem echte Äpfel mit Bastband befestigt wurden, ist schön wie ein Stilleben.

Ungewöhnliche Vasen gewinnen noch an Ausstrahlung, wenn man sie phantasievoll bestückt. In der kalten Jahreszeit bieten sich Eichenlaub, Mahonie, Eberesche und Zierquitten an.

So einen hübschen Kranz findet man in Wohn-Ambiente-Geschäften. Man kann ihn aber auch selbst anfertigen: Zuerst wird Moos um einen Kranz aus Stroh oder Reisig gedrahtet, dann werden die Nüsse aufgeklebt. Der Kranz ist eine wunderschöne Tischdekoration, zum Aufhängen ist er leider zu empfindlich.

Sehr dekorativ ist auch ein Heukranz, in den Eberesche, Hopfenranke und Hagebutte mit Draht eingearbeitet werden.

Folgende Doppelseite: Auch um die Weihnachtszeit kommt so manches Mitbringsel vom Landausflug noch zu Ehren. Hier sind es Kiefernzapfen, zu denen sich Mandarinen (mit Blatt!) und Teelichte in einfachen Gläsern gesellen. Das Ganze auf einem schönen Teller oder Tablett arrangiert schafft eine besinnliche Stimmung.

allen Jahreszeiten entdeckt der aufmerksame Spaziergänger ein ausgesprochen wirkungsvolles Immergrün: Efeu. Zusammen mit getrockneten Rosen aus dem letzten Sommer zaubert man mit Efeuranken einen prachtvollen Kranz, der durch seine leicht morbide Schönheit dem Zuhause selbst zur kalten Jahreszeit einen neuen Charme verleiht.

Auch in Kombination mit Tannen- und Laubzweigen macht Efeu sich gut. Aber immer ist zu bedenken, daß jeder Strauß, jedes Mitbringsel aus der Natur einen Wirkungsraum braucht, damit sich seine Ausstrahlung entfalten kann. Gerne in die Natur hinausfahren heißt auch gerne zurückkommen und dort kreativ werden. Ein bißchen Landlust in den eigenen vier Wänden kann zu einer angenehmen Bereicherung des Lebensgefühls werden. Lassen wir keinen Geringeren als Johann Wolfgang Goethe zu Wort kommen. Auch er nahm etwas mit nach Haus. Eins vor allem: die Liebe zur Natur, die er mit diesen einfachen Zeilen so umfassend beschrieb:

Gefunden

Ich ging im Walde
So für mich hin,
Und nichts zu suchen,
Das war mein Sinn.

Im Schatten sah ich
Ein Blümlein stehn,
Wie Sterne leuchtend,
Wie Äuglein schön.

Ich wollt' es brechen,
Da sagt' es fein:
Soll ich zum Welken
Gebrochen sein?

Ich grub's mit allen
Den Würzlein aus,
Zum Garten trug ich's
Am hübschen Haus.

Und pflanzt' es wieder
Am stillen Ort;
Nun zweigt es immer
Und blüht so fort.

Autorinnen/Impressum

Gisela Caspersen, geb. 1941 in Breslau, absolvierte eine Fotografenlehre in Dresden. Seit 1976 arbeitet sie als selbständige Fotografin für Agenturen und Zeitschriften. Ihre Fotos wurden auch in zahlreichen Büchern und Kalendern veröffentlicht. In der Edition Ellert & Richter erschienen ihre Bände „Auf leisen Pfoten“, „Zauber der Düfte“ und das Gartenbuch „Von Jahr zu Jahr“.

Cornelia Putzbach, geb. 1952, studierte Grafik-Design in Hamburg. Als Grafikerin war sie in London und Hamburg tätig. Seit 1983 arbeitet sie als freie Texterin und Autorin, seit 1990 ist sie Dozentin für Text und Konzeption an der Werkkunstschule Lübeck. Sie veröffentlichte zusammen mit G. Caspersen „Zauber der Düfte“.

Die Deutsche Bibliothek – CIP-Einheitsaufnahme

Lust aufs Land / Gisela Caspersen/Cornelia Putzbach. –
Hamburg:
Ellert und Richter, 1999
(Edition Ellert und Richter)
ISBN 3-89234-816-2

Fotos: Gisela Caspersen, Hamburg
Text: Cornelia Putzbach, Rosengarten / Hamburg
Lektorat: Antje Küthe/Simone Walper, Hamburg
Gestaltung: nach Entwürfen von Hartmut Brückner, Bremen
Lithographie: Litho-Jankowski, Flensburg
Satz: KCS GmbH, Buchholz/Hamburg
Druck: C.H. Wäser Offset GmbH, Bad Segeberg
Bindung: Buchbinderei S. R. Büge, Celle